BEI GRIN MACHT SICH IHR WISSEN BEZAHLT

- Wir veröffentlichen Ihre Hausarbeit,
  Bachelor- und Masterarbeit

- Ihr eigenes eBook und Buch -
  weltweit in allen wichtigen Shops

- Verdienen Sie an jedem Verkauf

Jetzt bei www.GRIN.com hochladen und kostenlos publizieren

Der Wandel des Politischen Systems in Russland

Untersuchung der totalitären Tendenzen unter Putin

Bibliografische Information der Deutschen Nationalbibliothek:

Die Deutsche Nationalbibliothek verzeichnet diese Publikation in der Deutschen Nationalbibliografie; detaillierte bibliografische Daten sind im Internet über http://dnb.d-nb.de abrufbar.

ISBN: 9783389020135
Dieses Buch ist auch als E-Book erhältlich.

© GRIN Publishing GmbH
Trappentreustraße 1
80339 München

Druck und Bindung: Books on Demand GmbH, Norderstedt Germany
Gedruckt auf säurefreiem Papier aus verantwortungsvollen Quellen

Das vorliegende Werk wurde sorgfältig erarbeitet. Dennoch übernehmen Autoren und Verlag für die Richtigkeit von Angaben, Hinweisen, Links und Ratschlägen sowie eventuelle Druckfehler keine Haftung.

Das Buch bei GRIN: https://www.grin.com/document/1472122

Christian- Albrechts- Universität zu Kiel
Institut für Sozialwissenschaften
Fachbereich Politikwissenschaft

Der Wandel des politischen Systems in Russland

Eine Untersuchung der totalitären Tendenzen unter Putin

Abgabedatum: 31.03.2023

Inhaltsverzeichnis

1. Einleitung

In der ersten Dekade des 21. Jahrhunderts hat Russland unter der Führung von Präsident Wladimir Putin eine zunehmende Konzentration von Macht, eine Einschränkung der Meinungsfreiheit und politischer Partizipation sowie die Etablierung eines autoritären Regimes erfahren. Diese Tendenz verschärfte sich in den letzten Jahren zunehmend, sodass Russland unter dem Machtmonopol Putins mittlerweile Merkmale eines totalitären Staates aufweist. Dabei wird deutlich, dass Instrumente der Unterdrückung gezielt von der russischen Regierung genutzt werden, um Widerstand und Kritik seitens politischer Gegner/ innen zu unterbinden.

Die vorliegende Hausarbeit untersucht den Wandel des politischen Systems in Russland und die Transformation in ein totalitäres Regime. Die Analyse konzentriert sich auf die politischen Veränderungen in Russland und inwiefern diese den Weg in ein totalitäres System abzeichnen. Dabei beschäftigt sich die folgende Arbeit mit der Frage, wie sich in Russland der Umgang mit politischen Gegner/ innen und der Opposition seit der Amtseinführung von Wladimir Putin als russischen Präsidenten im Jahr 2000 verändert hat, wobei die Analyse über einen Vergleich erfolgt. Dafür wird in einem ersten Schritt der theoretische Rahmen gelegt, indem die Methoden der vergleichenden Politikwissenschaft erklärt und Konzepte autoritärer und totalitärere Regime erläutert werden. Anschließend soll die Veränderung im Umgang mit politischen Gegner/ innen und der Opposition durch einen Vergleich zwischen dem politischen Regime unter Putin in seinen ersten zwei Amtsperioden als Präsident von 2000 bis 2008 und dem Regime seit seiner Wiederwahl zum Präsidenten im Jahr 2012, dargestellt werden. Dabei werden die zunehmenden Einschränkungen der Meinungs- und Pressefreiheit sowie Wahlmanipulationen und Einschränkungen der politischen Rechte von Oppositionellen im Zeitverlauf analysiert. In einem letzten Schritt wird dargestellt, inwiefern die vorherig untersuchten Entwicklungen sich auf die Beziehung zwischen Staat und Gesellschaft ausgewirkt haben und weiterhin anhalten. Die Arbeit wird in einem Fazit geschlossen, indem nach einer kurzen Zusammenfassung die

Ergebnisse in den Kontext des Wandels des politischen Systems Russlands eingebettet werden.

Insgesamt bietet die Arbeit eine umfassende Analyse des Systemwechsels in Russland und der Frage, inwiefern in den letzten Jahren, ausgehend von der Veränderung der untersuchten Merkmale, eine Transformation in einen totalitären Staat stattgefunden hat. Die Forschung zu dem stattfindenden Systemwandel in Russland gewinnt durch das aktuelle weltpolitische Geschehen an wissenschaftlicher und politiktheoretischer Relevanz. Obwohl seit der Wahl Putins zum Präsidenten zahlreiche wissenschaftliche Veröffentlichungen publiziert wurden, zeigen die jüngsten Entwicklungen in Russland einen neuen Forschungsgegenstand auf. Somit stellt die Analyse eine Relevanz für die vergleichende Politikwissenschaft dar, indem sie Einblicke in die Auswirkungen autoritärer Regime auf die Gesellschaft gibt und dabei gleichzeitig ein tieferes Verständnis für die Mechanismen autoritärer Regime darlegt. Die Arbeit hat den Anspruch zu verdeutlichen, inwieweit der Umgang mit politischen Gegner/ innen und Oppositionellen in einer Regierung langfristig zu einer Konsolidierung der Macht beiträgt.

2. Theoretischer Rahmen

Für ein tieferes Verständnis der Arbeit wird im folgenden Abschnitt der theoretische Rahmen gelegt. Dafür wird unter 2.1 die Anwendung der vergleichenden Politikwissenschaft sowie ihre gängigen Methoden erklärt. Anschließend werden die theoretischen Konzepte autoritärer und totalitärer Regime kurz erläutert, um ein Basisverständnis für die nachfolgende Arbeit zu schaffen. Dafür wird als Grundlage hauptsächlich die Forschung des Politikwissenschaftlers Juan Linz zu autoritären und totalitären Regimen verwendet, die in der vergleichenden Politikwissenschaft eine hohe wissenschaftliche Relevanz einnimmt.

2.1 Anwendung der vergleichenden Politikwissenschaft

Die vergleichende Politikwissenschaft, beziehungsweise die vergleichende Regierungslehre, ist eine Teildisziplin der Politikwissenschaft, die sich mit dem Vergleich verschiedener politischer Systeme und ihren Regierungen befasst. Dabei werden komparative Methoden genutzt, um beispielsweise

Gemeinsamkeiten und Unterschiede zweier Regierungen herauszuarbeiten, aufgestellte Hypothesen nachzuweisen oder Theorien zu prüfen (vgl. Lauth/ Wagner 2020: 104f.). Für die Untersuchung werden Kategorien, Variablen und Typologien verwendet. Kategorien stellen Oberbegriffe dar, wobei „[...] Variablen [...] stets eine Spezifikation einer Kategorie sind" und Typen und Typologien „[...] eine spezifische Form von Kategorien [...]" (ebd.: 114) beschreiben, bei der es mindestens zwei Merkmale mit mehreren Ausprägungen gibt, die einer Kombination der einzelnen Merkmalsausprägungen zugeordnet werden. Typologien reduzieren die Komplexität und können auf diese Weise als Basis für einen Vergleich genutzt werden. Die vergleichende Politikwissenschaft arbeitet anders als andere politikwissenschaftliche Teildisziplinen, wie beispielsweise die politische Theorie, die sich eher mit abstrakten und normativen Fragen auseinandersetzt und sich auf diese Weise mit dem befasst, was sein soll (vgl. Göhler 2007: 80ff.). So bedient sich die vergleichende Politikwissenschaft einer Vielzahl von methodischen Ansätzen und Verfahren, wie beispielsweise der Konkordanz- oder Differenzmethode, denen die Forschungsdesigns der „most similiar system designs" oder der „most dissimilar system designs" folgen (vgl. Lauth/ Wagner 2020: 117ff.). In der vorliegenden Arbeit wird als Studiendesign eine Längsschnittanalyse, auch bekannt als Time- Series- Analysis, durchgeführt. Dabei wird im Fall Russland der Umgang mit politischen Gegnern und der Opposition unter Berücksichtigung verschiedener Zeitabschnitte miteinander verglichen (vgl. Kuhn 2020: 84ff.).

2.2 Autoritäre Regime

Autoritäre Regime zeichnen sich dadurch aus, dass eine Gruppe von Individuen oder eine einzige Person eine zentrale Autorität darstellt, die die Macht über die Entscheidungen des Staates ausübt, die nicht über eine demokratische Legitimation zustande kommt. Die politische Kontrolle wird häufig durch Einsetzung von Gewalt und Einschüchterung aufrechterhalten, wobei Bürger/ innen nur eine begrenzte politische Freiheit zukommt. Dennoch ist im Gegensatz zu totalitären Regimen ein schwacher Pluralismus erkennbar (vgl. Linz 2003: 129ff.). In autoritären Regimen herrscht eine ausgeprägte Mentalität, die nicht mit einer Ideologie gleichzusetzen ist, indem sie nicht festgesetzt ist und „[...] keine fest kodifizierten Lösungen [...], wie der Einzelne in verschiedenen Situationen zu reagieren hat" (ebd.: 132) anbietet.

2.2.1 Opposition und politische Gegner/ innen in autoritären Regimen

Linz beschreibt, dass in autoritären Regimen häufig eine politische Opposition zu finden ist, die zwar partiell kritisch, „aber grundsätzlich bereit [ist], an der Macht teilzuhaben, ohne das Regime fundamental herauszufordern" (Linz 2003: 139). Diese werden von ihm als Semi- oder Halbopposition bezeichnet. Sie üben in einigen spezifischen Fällen Kritik, akzeptieren jedoch die autoritäre Herrschaft. Es kommt allerdings häufig vor, dass jene Oppositionen zu illegalen Oppositionen werden, wenn keine Grundlage für einen politischen Wandel über legale Kanäle vorhanden ist. Außerdem lassen die begrenzten Freiräume für Organisationen in autoritären Regimen zu, dass sich nicht- legale Oppositionen bilden (vgl. ebd.: 139ff.). Das autoritäre Regime versucht die Aktivitäten dieser Oppositionellen zu unterbinden, indem unter anderem Verfassungen erlassen werden, die demokratisch und parlamentarisch scheinen, jedoch einen Machtmissbrauch zulassen. Auf diese Weise kommt es teilweise zu der Verfolgung von System- Kritiker/ innen (vgl. ebd.: 159). Oppositionelle stehen unter ständiger Beobachtung und Kontrolle der Sicherheitsapparate des Staates. Wenn es in autoritären Regimen die Möglichkeit zur Wahl einer oppositionellen Partei gibt, werden die Wahlen häufig manipuliert oder nicht anerkannt (vgl. Stykow 2010: 14ff.). Des Weiteren werden staatliche Ressourcen genutzt um Oppositionellen zu schaden, indem beispielsweise kritische Politiker/ innen Strafverfahren auferlegt werden. Kritiker/ innen wird außerdem durch eine Beschränkung der Meinungs- und Pressefreiheit, die durch die Kontrolle der Medien durch das Regime zustande kommt, die Möglichkeit genommen, sich öffentlich zu äußern. Diese Einschränkungen der Opposition stellen gleichzeitig einen beschränkten Pluralismus dar (vgl. Wiest 2006: 65ff.).

2.3. Totalitäre Regime

Für Linz ist es ein System als totalitär zu definieren, wenn es alle der folgenden Merkmale aufweist:

> 1) eine Ideologie, 2) eine Einheitspartei mit Massencharakter und anderen mobilisierenden Organisationen und 3) die konzentrierte Macht einer Person oder einer kleinen Gruppe, die keiner größeren Wählerschaft verantwortlich ist und die nicht mit institutionalisierten, friedlichen Mitteln von der Macht entfernt werden kann. (Linz 2003: 21)

Im Gegensatz zu autoritären Regimen, die auf eine begrenzte Anzahl von Institutionen und Mechanismen zurückgreifen, zeichnet sich ein totalitärer Staat dadurch aus, dass durch ihn das öffentliche und private Leben vollständig kontrolliert wird. Das totalitäre Regime greift auf eine Ideologie, die als absolute Wahrheit gilt, zurück. Diese ist im Staat allgegenwärtig und soll von der Gesellschaft verinnerlicht werden. Für diesen Zweck werden Massenpropaganda und eine absolute Kontrolle der Medien eingesetzt, um das Volk zu mobilisieren. Die allumfassende Kontrolle zielt auf die Schaffung einer neuen Ordnung ab, in der die Ideologie vorherrschend ist und die Konzentration der Macht weiterhin bei einer Person, einer kleinen Gruppe an Menschen oder einer Partei liegt (vgl. ebd.: 20ff.).

2.3.1 Opposition und politische Gegner/ innen in totalitären Regimen

Indem totalitäre Regime auf die tiefgreifende Umgestaltung der Gesellschaft abzielen, werden jene, die sich nicht dem Regime beugen, verfolgt. Diese werden als Bedrohung betrachtet, wodurch die Verfolgung mit umfassender Überwachung und Kontrolle einhergeht (vgl. Linz 2003: 67ff.). Linz weist darauf hin, dass in totalitären Regimen Armeen eingesetzt werden, um Kritiker/ innen und politische Gegner/ innen zu verhaften und teilweise zu töten, ohne dass eine rechtskräftige Verurteilung stattfindet (vgl. ebd.: 122). Eine solche Praxis schürt Angst und Verunsicherung in der Bevölkerung und hat den Zweck sicherzustellen, dass zukünftig kein weiterer Widerstand geführt wird. Eine politische Opposition existiert in einem totalitären Staat nicht, da diese nicht der Ideologie des Regimes entspricht. Jene, die vor der Transformation in ein totalitäres Regime Teil der Opposition waren, werden häufig bestraft (vgl. ebd.: 50ff.).

3. Der Umgang mit der Opposition und politischen Gegner/ innen unter Putin zwischen 2000 und 2008

Für den anstehenden Vergleich wird der Umgang mit der Opposition und politischen Gegner/ innen unter Putin in seinen ersten zwei Amtsperioden analysiert. Hierfür folgt zunächst eine kurze Biografie der politischen Laufbahn Putins und anschließend die politischen Instrumente, die seitens der russischen Regierungen gegen Kritiker/ innen und Oppositionelle eingesetzt wurden, beleuchtet.

3.1 Politische Biografie Putins

Wladimir Wladimirowitsch Putin arbeitete für die sowjetischen Geheimpolizei KGB und war später als Beamter in der Stadtverwaltung von Sankt Petersburg tätig. Im Jahr 1999 wurde Putin vom damaligen russischen Präsidenten Boris Jelzin zum Direktor des Föderalen Sicherheitsdienstes und anschließend zum Regierungschef ernannt. Er übernahm die Amtsgeschäfte des Präsidenten, als Jelzin Ende 1999 zurücktrat (vgl. Schneider 2000: 8ff.). Bei den Präsidentschaftswahlen im Jahr 2000 wurde Putin zum Präsidenten Russlands gewählt und nach Ablauf der vierjährigen Amtszeit im Jahr 2004 erneut gewählt. Von 2008 bis 2012 hatte Dmitri Medwedew das Amt des Präsidenten inne, wobei Putin in diesem Zeitraum als Ministerpräsident agierte. Im Jahr 2012 gewann Putin erneut die Wahl zum Präsidenten und wurde, nach der Verlängerung der Amtszeit von vier auf sechs Jahre, im Jahr 2018 erneut gewählt (vgl. Löwe 2020: 85).

3.2 Wahlen

In Russland ist, wie es für autoritäre Regime oder Diktaturen nicht unüblich ist, ein elektoraler Autoritarismus vorzufinden. In der Verfassung sind demokratische Institutionen, unter anderem faire Wahlen, festgeschrieben. Diese werden in der Realität allerdings nicht demokratisch umgesetzt, sodass Putin als autoritärer Präsident weiterhin in seiner Macht gesichert ist (vgl. Bochtler/ Lütkefend 2018: 9f.). Die Nichtregierungsorganisation Freedom House bringt in ihren alljährlich erscheinenden Reporten hervor, dass sowohl die Präsidentschaftswahlen im Jahr 2004 und 2008, als auch die Staatsduma- Wahlen in den Jahren 2003 und 2007 unter Wahlmanipulationen und Wahlfälschungen stattfanden. Die Staatsduma der Föderationsversammlung der Russischen Föderation, kurz Staatsduma, ist die zweite der zwei bestehenden Kammern der Legislative. Bei den Wahlen der Staatsduma im Jahr 2007 erhielten insgesamt vier Parteien Sitze im Parlament, wobei die nationalistisch- konservative Partei Einiges Russland (ER) 70% der Stimmen erhielten. Zwei der drei weiteren Parteien galten ebenfalls als kremltreu, während die Kommunistische Partei der Russischen Föderation (KPRF) mit 57 von 450 Sitzen die einzige Oppositionskraft darstellte. Schon im Vorfeld der Wahlen wurden Gesetze erlassen, um Parteien die Teilnahme an den Wahlen zu erschweren (vgl. Freedom House 2008).

3.3 Einschränkung der Meinungsfreiheit und Medienvielfalt

Etliche Sender und Kanäle mit großem Einfluss wurden verstaatlicht, um einerseits Propaganda an die breite Masse kommunizieren zu können und andererseits oppositionellen Kräften die Möglichkeit zu nehmen, sich über diese zu äußern oder zu werben. Die bekanntesten Fälle sind die des Oligarchen Boris Berezovskij, der den Fernsehsender „ORT" leitete und Vladimir Gusinskij, der für den Fernsehsender „NTV" verantwortlich war. Beide Sender fielen durch regierungskritische Beiträge auf und wurden daraufhin zu einem mehrheitlichem Anteil unter staatliche Kontrolle gebracht (vgl. Göbel 2007: 24ff.). Dennoch blieben weitere private Kanäle erlaubt, die Kritiker/ innen nutzen konnten (vgl. Yavlinsky 2019: 76ff.) Auf diese Weise wurde der Anschein einer demokratischen Meinungsfreiheit gewahrt und Kritiker/ innen blieb es weiterhin gewährt, sich zu äußern, jedoch in einem sehr begrenzten Rahmen (vgl. Casula 2012: 293ff.). In den frühen 2000er Jahren galt das Internet als neues Medium ebenfalls als ein Ort der Meinungsfreiheit, welcher ab dem Jahr 2006 zunehmenden beschränkt wurde. Seitens der Staatsduma wurde dies mit der Bekämpfung von Extremismus begründet, allerdings waren unter anderem auch kritische und satirische Journalist/ innen von den behördlichen Untersuchungen betroffen (vgl. Vinogradov 2006: 17ff.).

3.4 Verfolgung und Repressionen

Eine Unterdrückung lässt sich zwischen den Jahren 2000 und 2008 primär an kritischen Journalist/ innen erkennen. So lässt sich eine Vielzahl von registrierten Fällen nachweisen, in denen Journalist/ innen der Zutritt zu öffentlichen Gebäuden oder Gerichtsprozessen verwehrt wurde. Des Weiteren sind mehrere Verhaftungen von Journalist/ innen dokumentiert (vgl. Göbel 2007: 12ff.). Unaufgeklärt sind bis heute Morde an kremlkritischen Journalist/ innen, wie zum Beispiel der Mord an Anna Politkowskaja (vgl. Orrtung/ Walker 2013: 5).

4. Der Umgang mit der Opposition und politischen Gegner/ innen unter Putin seit 2012

Mit der erneuten Wahl Putins zum russischen Präsidenten im Jahr 2012 kam es zu einer Vielzahl von Gesetzesänderungen und Verschärfungen im Umgang mit Kritiker/ innen und Oppositionellen. Jene politische Instrumente, die schon seit dem Jahr 2000 genutzt werden, um politische Gegner/ innen zu kontrollieren und in ihren Handlungen einzuschränken, haben sich seit der Wiederwahl 2012 ausgedehnt. Dies dient dem Zweck, die russische Machtvertikale auszubauen, indem jegliche „[…] Institutionen, Strukturen und Akteure in Politik und Wirtschaft auf die Person des Präsidenten" (Fischer 2022: 1) gerichtet sind. Folgend werden jene Instrumente, die bereits anhand der ersten zwei Amtsperioden unter Putin analysiert wurden, ebenfalls für die beiden Amtsperioden seit 2012 untersucht. Die Veränderung im Umgang mit politischen Gegner/ innen soll im Fazit aufzeigen, inwiefern sich parallel ein totalitärer Wandel erkennen lässt.

4.1 Wahlen

Wie auch schon in den ersten beiden Amtsperioden unter Putin, besteht seit seiner Wiederwahl 2012 weiterhin der Anspruch, demokratisch zu wirken. Es existiert offiziell eine oppositionelle Kraft, eine sogenannte Systemopposition, bestehend aus mehreren Parteien. Diese können von der Bevölkerung gewählt werden, sind allerdings kremltreu (vgl. Kluge/ Schübel 2021: 2f.). Seit 2007 fordert der Oppositionspolitiker Alexei Nawalny regelmäßig zu Wahlboykotten auf, indem er postuliert, jede andere Partei als ER zu wählen und führte so das Projekt „Smart Voting" ein. Zur Wahl der Staatsduma im Jahr 2021 wurden Internetseiten und Apps um „Smart Voting" gesperrt und teilweise oppositionellen Politikern die Teilnahme an den Wahlen verwehrt (vgl. Dollbaum et. al. 2021a: 5ff.). Weiterhin wurde die Anti- Korruptions- Stiftung von Nawalny in jenem Jahr als extremistisch eingeordnet, sodass jeglichen Politiker/ innen, die mit der Stiftung in Relation stehen, eine Kandidatur untersagt wurde. Außerdem wurden zu den Staatsduma- Wahlen im Jahr 2021 mehrere Oppositionskandidat/ innen von den Wahlen ausgeschlossen, Stimmenkauf beobachtet und ein intransparentes Online- Wahlsystem verwendet (vgl. Freedom House 2023)

4.2 Einschränkung der Meinungsfreiheit und Medienvielfalt

Seit Putins erneuter Amtseinführung in das Amt des Präsidenten im Jahr 2012 hat sich der Umgang des Regimes mit Meinungs- und Pressefreiheit sowie privaten Medien massiv verschärft. Statt einer vergleichsweise breiten Medienlandschaft, wie sie in den ersten beiden Amtsperioden unter Putin in Russland existierte, werden Informationen mittlerweile nahezu ausschließlich über staatliche Medien veröffentlicht. Auf diese Weise ist es Systemkritiker/ innen nicht möglich, sich über verschiedene Sender oder soziale Medien zu äußern (vgl. Zehnpfennig 2022). Ein weiterer Schritt, die die russische Regierung unternahm, um kritische Berichterstattung kontrollieren zu können, war die Einführung des Gesetzes über „ausländische Agenten" im Jahr 2012. Dieses Gesetz gilt vorrangig Nichtregierungsorganisationen, die verdächtigt werden, aus dem Ausland finanziell unterstützt zu werden (vgl. Siegert 2013: 21ff.). Mit dem Angriff Russlands auf die Ukraine im Februar 2022 kam es vermehrt zu Demonstrationen und Protesten, die, unter Berücksichtigung eingeführter Gesetze, durch Polizeigewalt zerschlagen wurden (vgl. Fischer 2022: 2f.). Die Kontrolle der Medien hat im Zuge des Krieges erneut eine Verschärfung erlebt, sodass die Verbreitung fälschlicher Informationen mit Geld- oder Haftstrafen sanktioniert wird und eine Vielzahl von Radio- und Fernsehsendern blockiert oder verstaatlicht wurden. Des Weiteren sind soziale Netzwerke nicht mehr aufrufbar, sodass „[…] es in Russland keinen Zugang mehr zu Informationen, die von der staatlichen Propaganda abweichen" (ebd.: 3) gibt.

4.3 Verfolgung und Repressionen

Die Verfolgung von politischen Oppositionellen und Kritiker/ innen des russischen Regimes hat in der letzten Dekade zugenommen. Dabei finden Repressionen statt und physische Gewalt sowie Terror stellen Instrumente der Kontrolle dar. Jegliche Kritiker/ innen, wie zum Beispiel Oppositionspolitiker/ innen und Aktivist/ innen, werden zunehmenden schikaniert und verfolgt. In der jüngsten Vergangenheit hat die Anzahl an Inhaftierungen von Protestant/ innen und Demonstrierenden erheblich zugenommen. Als Legitimation für die Freiheits- und Geldstrafen wird unter anderem die Teilnahme an nicht angemeldeten Demonstrationen genannt (vgl. Fischer 2021: 1ff.). Die kontinuierliche Einführung neuer Gesetze seit 2012 verschärft den Umgang mit Oppositionellen, Regimekritiker/ innen und politischen Organisationen, sodass es häufig zu Strafverfolgungen kommt oder betroffene Politiker/ innen in das Ausland fliehen (vgl. ebd.: 3ff.). Mediale Aufmerksamkeit erhielt vor allem der im Jahr 2020 statt gefundene Giftanschlag auf den bekannten Oppositionspolitiker Alexei Nawalny und seine kurz darauffolgende Verhaftung in Russland (vgl. Dollbaum et. al. 2021b).

5. Auswirkungen auf die Beziehung zwischen Staat und Gesellschaft

Die Verschärfung des Umgangs mit der politischen Opposition und Kritiker/ innen in Russland hat zweifellos Auswirkungen auf die Beziehung zwischen Staat und Gesellschaft. Die zunehmenden Repressionen, die die Einschränkung von Meinungs- und Versammlungsfreiheit innehaben, führen zu einem schwindenden Vertrauen der russischen Bevölkerung in die Regierung und ihre Institutionen. Die Verschärfung und Einführung von Gesetzen schürt in der jüngsten Vergangenheit ein Klima der Angst in der Gesellschaft (vgl. Gel'man 2021: 20f.).

6. Fazit

Berücksichtigt man die untersuchten Ergebnisse der vorliegenden Arbeit zum Umgang der russischen Regierung mit politischen Gegner/ innen und der Opposition im Zeitverlauf, so ist unbestreitbar, dass eine erhebliche Veränderung stattgefunden hat. Die analysierten Merkmale der Wahlen,

Meinungsfreiheit und Medienvielfalt sowie politischer Verfolgung und Repressionen zeigen, dass sich die Zustände ab der dritten Putin- Administration verschärft und in den letzten Jahren zugespitzt haben. Schon in den ersten beiden Amtsperioden unter Wladimir Putin als Präsidenten haben Wahlmanipulationen und Wahlfälschungen stattgefunden. Jedoch kam es seit 2012 sowohl bei den Präsidentschafts-, als auch bei den Staatsduma- Wahlen vermehrt zum Ausschluss von Parteien und Kandidaten. Eine politische Opposition war in den letzten Jahren ausschließlich als eine Systemopposition vorzufinden, während die Partei „Einiges Russland" das parlamentarische Unterhaus weiterhin dominiert. Auch die Einschränkung der Meinungsfreiheit war zwischen den Jahren 2000 und 2008 vergleichsweise moderat. In diesen Jahren fand bereits eine weitreichende Kontrolle der Medien statt und Sender wurden teilweise verstaatlicht, jedoch blieb freie Meinungsäußerung sowie Pressefreiheit für Kritiker/ innen in einem beschränkten Rahmen gestattet. In der vierten anhaltenden Amtsperiode Putins lässt sich eine Beschneidung und Zensur zahlreicher Medien erkennen. Jegliche Kanäle, die eine Form der Kritik und des Widerstandes zulassen, werden von der Regierung blockiert. Maßgeblich verändert hat sich außerdem der Umgang mit Demonstrationen, die mittlerweile ausschließlich mit einer staatlichen Genehmigung stattfinden dürfen und ansonsten gewalttätig zerschlagen werden. Die Verfolgung von Oppositionellen, kritischen Journalist/ innen und Aktivist/ innen hat erheblich zugenommen, wobei Verhaftungen und Inhaftierungen größtenteils ohne eine rechtliche Grundlage stattfinden.

Die hier aufgezeigten Entwicklungen lassen sich durchaus als totalitär bezeichnen. Die in 2.3 aufgeführten Charakteristika zur Definition eines totalitären Staates von Juan Linz sind in Russland begrenzt vorzufinden. Eine allgemeingültige Einordnung des russischen Systems kann nicht stattfinden, da die Übergänge zwischen autoritären und totalitären Systemen fließend sind. Die vorliegende Arbeit zeigt jedoch, dass der Umgang mit der Opposition und politischen Gegner/ innen ein wichtiges Kriterium darstellt, inwiefern ein autoritäres System als eine defekte Demokratie zu betrachten ist oder langfristig den Weg in einen Totalitarismus einschlägt.

Literaturverzeichnis

Bochtler, Paul/ Lütkefend, Theresa (2018): Systemopposition bei den Präsidentschaftswahlen: Antreten für den Status Quo. In: Russland- Analysen Nr. 350: 9-13.

Casula, Philipp (2012): Hegemonie und Populismus in Putins Russland. Eine Analyse des russischen politischen Diskurses. Bielefeld: transcript Verlag.

Dollbaum, Jan Matti/ Lallouet, Morvan/ Noble, Ben (2021a): Alexej Nawalnyj, »Smart Voting« und die Wahlen zur russischen Staatsduma 2021. In: Russland Analysen Nr. 407: 5-9.

Dollbaum, Jan Matti/ Lallouet, Morvan/ Noble, Ben (2021b): Opposition durch Information. Was Alexei Nawalnys Inhaftierung über das politische System Russland verrät. In: zeitgeschichte online. https://zeitgeschichte-online.de/kommentar/opposition-durch-information. (Zuletzt aufgerufen am 23. März 2023).

Fischer, Sabine (2021): Russland vor der Wahl zur Staatsduma. Repression und Autokratie. In: Stiftung Wissenschaft und Politik Nr. 46/ 2021.

Fischer, Sabine (2022): Russland auf dem Weg in die Diktatur. Innenpolitische Auswirkungen des Angriffs auf die Ukraine. In: Stiftung Wissenschaft und Politik Nr. 31/ 2022.

Freedom House (2008): Freedom in the world 2008. The annual survey of political rights and civil liberties. https://freedomhouse.org/sites/default/files/2020-02/Freedom_in_the_World_2008_complete_book.pdf. (Zuletzt aufgerufen 23. März 2023).

Freedom House (2023): Freedom in the world 2023. https://freedomhouse.org/country/russia/freedom-world/2023. (Zuletzt aufgerufen 23. März 2023).

Gel'man, Vladimir (2021): Fear and Loathing in Russia: Repressionen als Herrschaftsinstrument des Kremls. In: Russland- Analysen Nr. 403: 20-21.

Göbel, Alena (2007): Staat und Pressefreiheit in der ersten Amtsperiode des russischen Präsidenten Vladimir Putin (2000 – 2004). Arbeitspapiere und Materialien – Forschungsstelle Osteuropa, Bremen, Nr. 84.

Göhler, Gerhard (2007): Theorie als Erfahrung. In: Buchstein, Hubertus/ Göhler, Gerhard (Hrsg.): Politische Theorie und Politikwissenschaft. Wiesbaden: Springer VS, 80-104.

Kluge, Janis/ Schüble, Leslie (2021): Russlands Dumawahl 2021. Die Kremlpartei Einiges Russland siegt im stark manipulierten Urnengang. In: Stiftung Wissenschaft und Politik Nr. 67/ 2021.

Kuhn, Sebastian (2020): Aggregatdatenanalyse. In: Tausendpfund, Markus (Hrsg.): Fortgeschrittene Analyseverfahren in den Sozialwissenschaften. Ein Überblick. Wiesbaden: Springer VS, 75-118.

Lauth, Hans- Joachim/ Wagner, Christian (2020): Vergleichende Politikwissenschaft: Analyse und Vergleich politischer Systeme. In: Lauth, Hans- Joachim/ Wagner, Christian (Hrsg.): Politikwissenschaft: Eine Einführung. 10. Auflage. Stuttgart: utb., 104-142.

Linz, Juan J. (2003): Totalitäre und autoritäre Regime. Herausgegeben von Raimund Krämer. 2., überarbeitete und ergänzte Auflage. Berlin: Berliner Debatte Wissenschaftsverlag.

Löwe, Barbara (2020): Ein anderer Blick auf Russland. Geschichte, Lebensformen, Denkweisen. 2., überarbeitete Auflage. Wiesbaden: Springer VS.

Orttung, Robert W./ Walker, Christopher (2013): Putin und Russlands gelähmte Medien. In: Russland- Analysen Nr. 253: 2-6.

Schneider, Eberhard (2000): Putins Aufstieg zur Macht und seine ersten innenpolitischen Schritte. In: Köln: Bundesinstitut für ostwissenschaftliche und internationale Studien.

Siegert, Jens (2013): Aus dem Koma geholt. In: Russland- Analysen Nr. 255: 21-23.

Stykow, Petra (2010): Autoritäre Systeme in den Nachfolgestaaten der Sowjetunion. In: Bürger & Staat 1/2010: 14-23.

Vinogradov, Dmitry (2006): Das russische Internet: Insel der Meinungsfreiheit und Zivilgesellschaft. In: Russland- Analysen Nr. 118: 17-21.

Wiest, Margarete (2006): Beschränkter Pluralismus. Postkommunistische autoritäre Systeme. In: Osteuropa 7/2006: 65-77.

Yavlinsky, Grigory (2019): The Putin System. An Opposing View. New York: Columbia University Press.

Zehnpfennig, Barbara (2022): Das gegenwärtige Russland – ein totalitärer Staat? In: Konrad-Adenauer- Stiftung. https://www.kas.de/de/web/geschichte-der-cdu/einzeltitel/-/content/das-gegenwaertige-russland-ein-totalitaerer-staat. (Zuletzt aufgerufen am 23. März 2023).